U0756629

育才之路

助力成长，走向成功

〔日〕杉山定久 著

李国栋 霍文娜 译

西北大学出版社

·西安·

著作权合同登记号：陕版出图字 25-2025-108

图书在版编目(CIP)数据

育才之路：助力成长，走向成功／（日）杉山定久著；
李国栋，霍文娜译. --西安 ： 西北大学出版社，
2025. 5. -- ISBN 978-7-5604-5684-3

Ⅰ. F272.92

中国国家版本馆 CIP 数据核字第 2025B5S971 号

育才之路：助力成长，走向成功

YUCAI ZHI LU ZHULI CHENGZHANG ZOUXIANG CHENGGONG

（日）杉山定久　著

李国栋　霍文娜　译

出版发行　西北大学出版社

地　　址　西安市太白北路 229 号

邮　　编　710069

电　　话　029-88303940

经　　销　全国新华书店

印　　装　西安奇良海德印刷有限公司

开　　本　787 毫米×1092 毫米　1/32

印　　张　6.75

字　　数　61 千字

版　　次　2025 年 5 月第 1 版　2025 年 5 月第 1 次印刷

书　　号　ISBN 978-7-5604-5684-3

定　　价　68.00 元

前　言

在我 80 岁准备退居二线时，我收到了一封来自中国的邮件。邮件是张总经理寄来的，附件中有三页 A4 纸的报告，详细记录了过去 48 年里我在中国所做的各种事务，包括"人才培养""大学客座教授""论文""奖学金""著作"等，甚至还有我已忘记的事情。

邮件正文写道："杉山先生为中国的人才培养做出如此多的贡献，就此退休的话太遗憾、太可惜了……希望这份事业能以不同的形式继续下去。"他还提到，尽管杉山先生及南富士公司一直在个人和企业层面进行这些活动，但希望未来能以公立团体的形式继续下去。可能的话，希望日本前首相福田康夫先生出任该团体的名誉主席。福田先生在中国享有极高声誉，是中日文化交流中无可替代的人物……

读完这封邮件，我再次感受到过去 50 年中日民间交流的重要性，一时间脑中一片空白。

那么，该怎么做呢？已经准备了好几年的退休，基本要结束了……但既然被寄予厚望……然而，我怎么会认识福田前首相呢？而且，若继续下去，会给我的继承人，也是现任社长的儿子带来额外的负担……

经过深思熟虑和不断探索，我得出以下结论：

（1）这是一个人生百年的时代，现在我是 80 岁。

（2）人生就是相遇，这也是一种缘分，要不要挑战一下呢……

（3）世界上，特别是中国有很多了不起的人。他们深入了解了我的过去，并将其整理、发送给我。

（4）虽然不知道能做到什么程度，但我决心在 80 岁继续接受挑战。

（5） 这是一个新的篇章——一般财团法人"中日人才育成协会"的开始。

后来，在印尼 Heru 先生的介绍下，我有幸见到了福田先生。

如果我一直以来所从事的"中日草根人才培养"事业能为当地年轻人带来梦想、希望和机会，我会非常高兴。

在本书中，我将自己一直以来所做的"人才培养"和"事业"毫无保留地公开，并辅以插画进行了总结。

如果本书能对日本、中国和亚洲其他国家的年轻人的成长有所帮助,进而促进亚洲一体化,那将是我最大的快乐。

2024 年 2 月

目 录

● 第1章　激发智慧　/ 001

智慧和创造是最大的乐趣　/ 002

广阔的见识　/ 003

享受思考的人生　/ 004

认真说"不"，需要玩心　/ 005

将危机视为机遇　/ 006

各种体验（Yes Try）/ 007

增加口袋　/ 008

不要只看表象，要发现隐藏的本质　/ 009

在日常中培养"看见无形之物"的能力　/ 010

增加词汇量　/ 011

用一个词来表达的能力　/ 012

寻求与人的相遇（走出去与人见面）/ 013

去读书　/ 014

接触真实的东西　/ 015

不断锤炼自己　/ 016

失败是转换思维的机会　/ 017

时常考虑三步以后再行动　/ 018

不能找借口说做不到，要找到做得到的方法　/ 019

重视"What"而非"How"　/ 020

路有很多条，只是没有意识到　/ 021

全员反对，是通往成功的道路（没有前例）　/ 022

不哗众取宠，要坚持本质　/ 023

有时"没想到"和"意外性"　/ 024

白还是黑？……红？　/ 025

仔细观察，认真倾听，就能发现道路　/ 026

多数并不一定正确，少数才有价值　/ 027

如果没有，就去创造　/ 028

不仅是"12345"，还有"54321"　/ 029

走投无路时，就写在纸上　/ 030

事实往往只有一个，看法和思维方式却各不相同　/ 031

从无到有、从 0 到 1 的业务　/ 032

新的挑战，成败各半　/ 033

经验是新想法的障碍　/ 034

如果自己没有力量，就与有力量的人合作　/ 035

最好兼具天分和逻辑　/ 036

集中重点，一点突破　/ 037

舍近求远，聚集远处的事物　／038

通往成功的捷径是喜欢和相信　／039

如果能描绘出成功的样子，就能到达那里　／040

没有梦想，就不会有智慧　／041

创造源于内心（情感），而非头脑（理性）／042

人迹罕至的地方，有一条通往花海的路　／043

前方无路，后方有路　／044

面向未来而非过去　／045

从纵、横、斜、东西南北来思考　／046

越是困难，越有价值　／047

智慧没有标准答案，但有其他方法　／048

令人兴奋的提案往往是简单的　／049

一切从舍弃开始　／050

与其展现智慧，不如运用智慧取得成果　／051

平凡不会带来新事物　／052

大局观（社会视角）／053

洞察形势的敏锐（观、感、觉）／054

● **第 2 章　人才培养 50 年　／055**

一切皆始于人　／056

GMC（Global Management College，全球化经营管理人才
　机构）／057

Roof Meister School（屋顶工匠学校）／058

潜力录用 / 059

小型经营者（销售主任） / 060

PPD（Pro Pro Director） / 061

《头脑活性化杂志 M-net》 / 062

《草根·中日人才新报》 / 063

一般财团法人中日（亚洲）人才育成协会 / 064

育人全免费 / 065

育人需要时间和资金（不是费用，而是投资、播种） / 066

育人就是"Human Network"，就是培养人脉 / 067

将遇到的人变成粉丝 / 068

人是在环境和机会中成长的 / 069

关键在于培养领导者 / 070

学习就是挑战新事物 / 071

不是记忆，而是学习（思考）的习惯（不是 Teach，而是
　Learn） / 072

培养有一技之长的人 / 073

人类力量教育（感恩）（德行）（谦虚的心）（学习态度）
　（面容）（智慧）（两眼两耳一嘴） / 074

如果有兴趣，人会快速成长 / 075

教育就是共同谈论梦想 / 076

成长的人拥有"谦虚的心""灵活的头脑"和"挑战的勇
　气" / 077

● **第3章 何谓经营 / 079**

经营很简单 / 080

新业务 / 081

市场导向经营 / 082

让强者更强 / 083

第一·唯一经营 / 084

数字化时代的模拟经营 / 085

赚钱的能力 / 086

少数精锐 / 087

实践经营 / 088

"Yes Try"经营 / 089

能力主义经营 / 090

本地化经营 / 091

培养人才，委任经营 / 092

亚洲一体化经营 / 093

理念经营 / 094

不模仿他人，也不会被模仿的经营模式 / 095

"Innovation"经营 / 096

竹林经营 / 097

"54321"经营 / 098

"Scrap & Build"经营 / 099

"Chemistry"经营 / 100

知识资产经营 / 101

无资产经营 / 102

"二刀流"经营 / 103

播种式经营 / 104

时代到来经营 / 105

"Network"经营 / 106

● 第4章 何谓信息 / 107

信息必须发出才能被接收 / 108

相信亲眼所见、亲身所感的事物 / 109

来自现场的原始信息是有价值的 / 110

表面（经过加工的）信息和背后（原始的）信息 / 111

总结信息，可察动向 / 112

了解信息背后的本质 / 113

灵敏度差的话，信息会被漏掉 / 114

通过两只眼睛、两只耳朵接收信息 / 115

"与谁见面"决定信息差异 / 116

信息的价值不在于获取，而在于如何利用 / 117

现在需要的是多角度思维（中国、日本、亚洲），单一思
  维是不可行的 / 118

● 第5章 懂得舍弃 / 119

抛弃过去，面向现在和未来 / 120

放弃过去的成功经验　/ 121

放弃多少，就能收获多少　/ 122

不能放弃生命，但直面生命时，人会改变　/ 123

价值观在不断改变，要果断地放弃　/ 124

如果杯子里装满了水，就无法注入新的水源　/ 125

需要"放弃的勇气"　/ 126

"Scrap & Build"，求变则存　/ 127

改变人，改变方法，改变系统，新的机遇就会出现　/ 128

调整优先顺序，一切都会改变　/ 129

留下三样，其他全部舍弃　/ 130

当努力不奏效时　/ 131

法律不仅仅是用来遵守的，更是用来超越的　/ 132

● 第6章　常有发现　/ 133

时刻关注整体，不为表象左右　/ 134

三步以后的事，现在就去行动　/ 135

写在纸上，贴出来，做整理　/ 136

至少要有 5 个问题意识　/ 137

看人要看脸（眼睛）　/ 138

快速观察训练　/ 139

习惯比较着去看、去思考　/ 140

将自己的关注范围扩展为社会的关注范围　/ 141

不要混淆目的和手段　/ 142

不是明白（Understand）而是能做（Can Do） / 143

重要的东西隐藏在表象背后 / 144

一本书读五遍，就能看出作者的意图（无形之物） / 145

线索就在现场 / 146

向自然和动物学习 / 147

● 第 7 章　拥有国际化视野 / 149

国际化并不是说英语（这只是素养之一） / 150

对全球化人才一视同仁 / 151

全球化人才具有较高的社会贡献度 / 152

全球化人才需要教养（人文科学），需要广泛学习哲学、
　　历史、社会科学、自然科学等 / 153

拥有见识和教养（看似无用的学习） / 154

从中国到亚洲，从事无偿人才培养 50 年 / 155

关于人才培养 / 156

持续赠书 / 157

杉山播种奖学金（无偿还义务） / 158

大学教授 / 159

"帮助他人，志愿服务"方面，世界第一是印度尼西亚，
　　日本是第 118 位 / 160

大多数企业向海外扩张时首先考虑业务，而我则首先考虑
　　人才培养，然后才是业务 / 161

在进行海外投资时，不是与对方国家的企业合作，而是与
　大学合作　／162

为什么要与大学合作？我经常被问到这个问题。进入中国
　是从文化（赠书）开始的　／163

大学可能没有钱，但可以创造收入，通过设计（构建）获
　得绝对信任　／164

建造是：①Architecture②Creation③Systems④Buildings
　⑤Construction　／165

公司在中国顶尖大学之一的兰州大学运营的学生工作室于
　2023年启动　／166

● 第8章　所谓挑战　／167

挑战总是伴随着失败，成功和失败的概率都是50％，从
　失败中学习就好　／168

不要只是"想""思考"，而要去实践　／169

既然要做，就大胆去挑战　／170

不要做与他人相同的事（人所行之处,背后有花路）　／171

即使你（员工）失败，公司也不会倒闭　／172

与其后悔不挑战，不如去做并吸取经验　／173

没有比实践（挑战）更好的教育　／174

任何事情都以"PDCA"为基础　／175

如果全员反对，就会成功　／176

同样的失败，决不重蹈覆辙　／177

充满伤痕的人生更有趣，要善于利用失败（负负得正）
　　/ 178

百折不挠　/ 179

挑战需要能量（时间和金钱）/ 180

只要不放弃就会成功（尝试 20 次）/ 181

人生中可能会有一两次赌上性命的挑战　/ 182

苦难时刻，你就是戏剧的主角　/ 183

没有先例时，周围的人不会赞同　/ 184

不断创造，持续新的挑战　/ 185

人才培养×看护×AI　/ 186

挑战的前方有光明的未来（明天）/ 187

在过去的延长线上没有明天，未来由自己创造　/ 188

我的挑战既无先例也无老师，只需相信并坚持到底（中
　　国、GMC、RMS）/ 189

来自张总经理的邮件　/ 190

杉山定久　个人简介　/ 194

后记　/ 197

第1章

激发智慧

智慧和创造是最大的乐趣

　　不是鱼（钱），而是钓鱼的工具和方法（智慧和创意）。

　　既没有竞争对手，也不树敌。

　　没有税收和物流成本，只凭智慧走向世界……

广阔的见识

只有狭隘的视野，便什么也做不了。

我感觉周围有很多人只关注"日本、当下和自己"。

抱着这样的态度，在这个日新月异的时代是无法生存的。

通过知识（读书）和体验来拓宽视野吧。

创造源于知识（广泛的学习）和各种体验（成功与失败）。

即使只有一点点，也可以通过预测（创造）未来的变化，创造新的机会。

虽然没有标准答案，但可以训练自己，试着用头脑去思考。

享受思考的人生

　　每月去理发店时,理发师总是说:"你的头发长得很快,看来你经常用脑啊。"

　　无论是在被窝里还是在其他任何地方,我总是全力思考。

　　思考就是如此愉快的一件事。

　　如果不使用大脑,它就会像尾巴一样退化。

　　不使用的东西会退化。

　　大脑也一样,不用不行。

　　思考不需要花费太多时间和金钱。

　　只要稍微动动脑筋,就会开启一段新的人生。

认真说"不"，需要玩心

什么是玩心？我认为是敢于做不必要的事情。

文化、历史、艺术等，虽然不会立即有用，但值得一做。

认真设定范围，不超出界限。

这样是不会产生新的创意和智慧的。

在这个日新月异的时代，一味地埋头努力，只会陷入困境。

在这个时代，1+1 不只是 2，有时是 3，有时是 0，有时甚至是负数。

认真真的有魅力吗？

不是不认真，而是认真不必过于刻板。

将危机视为机遇

经常有人问我应如何克服危机。

在遇到危机时,我总是把自己想象成电影或电视剧的主角。

平淡无奇的电影或电视剧了无趣味。

人生也是如此。有高山,有低谷,才会更加戏剧化和有趣。

困难意味着"巨大改变"。逃避就会失败。

即使艰难,但"经历黑夜,方见黎明"。

在危急时刻,把自己当成剧作的主角,现在正是高潮部分。

将来回顾时,这会成为一段美好的回忆。

大胆地去挑战吧!

各种体验（Yes Try）

我经常对员工说："如果我失败了，公司会倒闭；但如果你们失败了，公司并不会倒。什么都去试试看吧。"

大家都害怕失败，但即使失败，也可以从中学习。

新业务有五成的成功概率。

用负负得正的思维，尝试去做任何事情。

充满机会的人生是美好的人生。

人会因为机会而改变和成长。

成功和失败都是机会的一部分，要充分利用这些机会。

增加口袋

我的头脑里有 3000 个口袋。

3000×3000，可以产生 9000000 种想法。

当你把经验和体验放进头脑的口袋时，要忘记它们，并挑战新的事物。

然后在需要时，从头脑的口袋里取出来就行了。

有 5 个口袋的人，只能产生 5×5 即 25 种想法。

如果有机会，请务必一试。

不要只看表象，要发现隐藏的本质

本质虽难被看见，但你若能发现，它就会助你开辟新的道路。

这种本领需要日常训练。

当你思考三步之后的事情时，"现在"（表象）自然会显现。

但若只关注表象，就无法超越它。

把表象当作表象，未来会如何发展？

不仅仅考虑今天，还要思考明天（未来），更要有梦想。

在日常中培养
"看见无形之物"的能力

不要被表象所左右。表象是会很快变化的。

聆听"无声"的声音。本质是隐藏起来的、看不见的。

闭上眼睛,来进行思考训练吧。

增加词汇量

例如，要谈三件事，可以试着用一个词来表达，这样可以节省时间和精力。

即使只有简短的一个词、一句话，也能深深打动人心并传达信息。

为此必须学习。

例如，报纸上的广告。

为读者传达的一个词，也能带来启发。

可供利用的东西，就在身边。

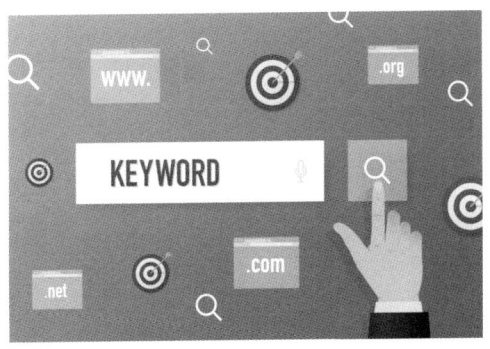

用一个词来表达的能力

越简单，就越难。这需要见识。

要直接且一针见血。

多言是缺乏自信的表现。

因为这是试图用言语来掩盖。

关键在于，你想传达什么。

寻求与人的相遇
（走出去与人见面）

不要等待，要走出去与人见面，这样才会有收获。

纸上谈兵，只会一无所获。

人生就是相遇。到现场就会有提示。

只要行动，就一定会有结果。

勇敢地走出去吧！

去读书

实践很重要，但打基础要通过读书。

阅读是借用别人的智慧。

大学毕业后的一年里，我读了各种类型的书，共2000本。

现在我认为，书不是用来读的，而是用来写的。

也就是说，我想有一个可以写成书的人生。

能发现好书，就能发现人才。

接触真实的东西

与一流的人接触，在熏陶中成长。

只接触一流是不够的，还需要了解二流、三流。

并且，如果你总是接触真实的东西，你就能很快辨别出假的东西。

无论是食物、衣服，还是其他任何东西。

不断锤炼自己

敏锐的感觉，源于多看、多听、多思考，这样就会大放异彩。

以人为中心的社会已经到来。

通过书籍、体验、与未知的相遇，人会闪耀光芒。

失败是转换思维的机会

一帆风顺的人生，无法让人成长。

尽量在年轻时经历失败。

我总是选择艰苦而不是安逸。

在无人行走的路上，会有新的发现。

很多人害怕失败，但可以从失败中学习。

冒着生命危险的失败是 No，其他的都 OK。

时常考虑三步以后再行动

未来的未来的未来会怎样……

稍微聪明一点的人，都能想到一步以后。

三步以后，就成了自己独一无二的道路。

虽然没有人能预见未来，但如果能具备看见无形之物的洞察力，人生将会很有趣。

不能找借口说做不到，
要找到做得到的方法

　　转换思维很重要。要积极思考，不要有消极的想法。

　　例如，不要想着"已经用掉70％的水，只剩下30％"，而要想着"还剩30％的水"。

　　不要以消极的方式思考，而要以积极的方式思考，这样才能看到前方的路。

只剩30%

还剩30%

重视 "What" 而非 "How"

很多人总是立足 "How（表象）" 进行思考。

如果 "What（什么）" 出错了，无论怎么做都是错的。

考虑到未来的社会和长远的形势（三步以后），早在40年前，我就将主营业务从房屋销售转换为屋顶工程。

如今，我们已是日本施工量最大的屋顶工程公司。

关键不在于怎么做，而在于做什么。

做什么（What）和在哪里做（Where）是关键。

路有很多条，只是没有意识到

我们周围充满了各种暗示，只是我们没注意到而已。

认真思考并不能解决问题。

如果没有玩心（广阔的视野），就无法察觉到。

不仅要思考，还要行动（实践），才能发现提示。

书桌上没有提示，但在现场和实践中有很多发现和提示。

全员反对，是通往成功的道路
（没有前例）

因为没有前例，所以会被反对。

那是因为无法去想象。

进入中国、八角形住宅、Roof Meister School……

我进行了许多没有前例的创举，但仅凭灵光一现是不行的，还必须具备看穿本质的能力。

反对是过去价值观的延续，是对自己缺乏信心的表现。

不哗众取宠，要坚持本质

因为没有前例，人们无法想象，所以会反对。

只要有决心坚持到底，就不会失败，而是会成功。

因此我认为，没有前例就意味着定会成功。

这需要强大的勇气和充分的实践。

只要不放弃，就一定会成功。

在中国培养人才已有 50 年。

《头脑活性化杂志 M-net》已发布 24 年。

有时"没想到"和"意外性"

有时"没想到"和"意外性"会让人变得更强大。

例如，将无业青年和宅在家的人培养成屋顶工人——"Roof Meister School（RMS）"计划。

工匠短缺，到处都找不到人。

仔细一看，（日本）有146万人宅在家里不出门。

我真心觉得，这就是答案。

"将无业青年和宅在家的人培养成屋顶工人？"

所有人都惊呼："无法想象！"

这种令人意想不到的想法，正是创新所需要的。

不经意间就有新的发现，即使失败也无大碍吧？

白还是黑？······红？

要创造新的点子和"意想不到"的想法，不能局限于二选一。

例如，当别人问我："你来自哪里？"我总是回答："亚洲（而不是日本静冈）。"

当被问到："你喜欢白猫还是黑猫？"我会回答："红猫（能捉老鼠的猫）。"

拥有与众不同的视角是必要的。

关键在于，不是在对方的地盘上战斗，而是在自己的地盘上战斗。

仔细观察，认真倾听，
就能发现道路

我们有两只耳朵、一双眼睛。

像动物一样去利用直觉，彻底地观察、倾听。

不是通过行动，而是通过观察头脑和内心，得到答案。

人类也是动物，眼睛比嘴巴更能表达自己，脸上也有答案。

多数并不一定正确，少数才有价值

反对才是正确的，理由就在其中。

多数人的决定虽让人安心，但并非正确。

多数人的决定是平凡的，而真理往往存在于非凡之中。

反对的人有反对的理由，这点很重要。没有勇气是无法提出反对意见的。

众人行走的路的后方，有另一条路。

如果没有，就去创造

有的话就利用；没有的话，就去思考并创造。

要多方面、长期、综合地思考。

为此，需要有足够的"口袋"。

不是考虑不能做的理由，而是始终思考能够做到的方法。

这样就会有无数条路。

不仅是"12345"，还有"54321"

　　逆向思维也是正确的。

　　我没有从 1 开始按顺序思考的概念。

　　如果没有速度，机会就会溜走。我们需要一边行动一边思考的亚洲式思维。

　　规则是人定的，我们可以制定新的规则。

　　从现实中看到梦想是一种方式，从梦想中看现实也很有趣。

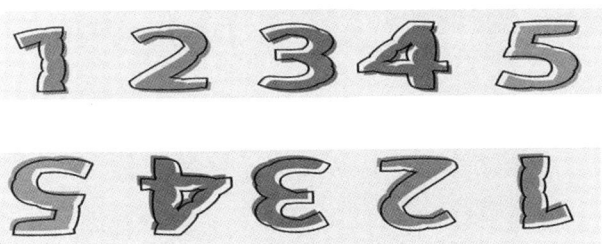

走投无路时，就写在纸上

我总是在夹克的内兜里放张便条，以随时记录灵感，然后贴在笔记本上。

写在纸上并将其贴好后，我就会把它忘掉，脑子里就可以去思考别的事情。

这样做，纸张和头脑都会井井有条。

可视化后，答案就会出现。

所谓"读、写、算"，其中"写"才能培养人。

"总结""丢掉多余的东西""写作行为"，这些都能培养人才。

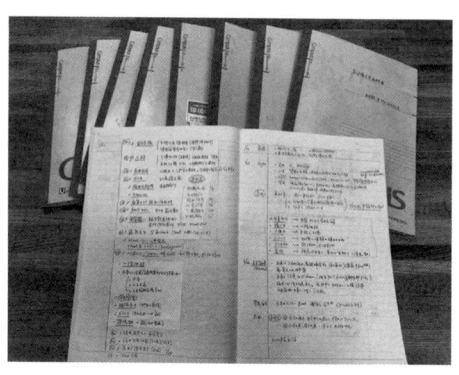

事实往往只有一个，
看法和思维方式却各不相同

我们应该看到本质，而不是表象。

例如八角形住宅。

如果只有固定观念，就无法开创这一事业。

是用正面的眼光看，还是用负面的眼光看？

这会带来不同的结果。

如果认定房子必须是四方形的，就不会产生新的想法。

蒙古包和因纽特人的圆形住宅，像这样的房屋也是存在的。

从无到有、从0到1的业务

把 1 变成 100 是轻松的，但从 0 到 1 是痛苦的。

然而，在"1"诞生的痛苦之后呢？

让我们享受思考前所未有的事物的乐趣。

当了解到事物的本质而非表象时，无形的东西就会变得可见。

新的挑战，成败各半

不去做就不知道结果。

正是这种想法，让我真正去尝试各种事情。

成功带来了自信，失败带来了学习的机会。

新的挑战，成败五五开，什么都尝试一下。

只要不放弃，100%会成功。

当我们放弃时，创造力就会归零。

经验是新想法的障碍

抛开经验，以纯粹的心态看待事物。

去掉自己的价值滤镜。

试想一下婴儿：

他们四处张望，对任何事物都充满兴趣。

像婴儿一样坦诚，对事物充满兴趣，是创造的原点。

在这里，经验（传统的价值观）是多余的。

事物的成功，不在于经验的延续，而在于经验之外。

如果自己没有力量，
就与有力量的人合作

　　像字母 T 一样的人是最好的——既有专长又多才多艺。

　　如果自己的力量不足，就与有力量的人合作，以成为 T 型人才为目标。

　　这是一种无敌的生活方式。

　　文科生的知识面广，但不深；理科生的知识有深度，但面窄。

　　二者组合起来，会更好。

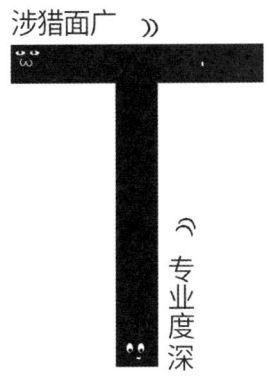

涉猎面广 》

专业度深

最好兼具天分和逻辑

那么，自己到底拥有哪一方面呢？

发掘天分，学习逻辑。

然后，任何事情都去尝试。

这样就能兼具二者。

通过实践获得天分，通过钻研学问和阅读学习逻辑。

左脑　　　右脑

集中重点，一点突破

本来就没什么力量，还使其分散，这样是赢不了的。

不在住宅领域（综合能力），而在屋顶工程领域（专业性强）取胜，一直以来我都是这样做的。

集中精力去挑战是很重要的。

无论是企业还是个人，都必须拥有无可匹敌的东西。

不是成为第一，而是成为巨人。

我们公司的屋顶施工业务将从现在开始向中国、向整个亚洲全面铺开。

舍近求远，聚集远处的事物

训练三步以后的思维方式。

不要被表象迷惑。

描绘应有的姿态，以此为目标进行思考和行动。

如果只看眼前的事（表象），就会被其牵着走。

先描绘出未来、梦想中的模样，再观察现实，就能看到前进的方向。

有时,遮蔽近处的事物、看到远处的事物是很重要的。

通往成功的捷径是喜欢和相信

在海外做生意时，我是真心喜欢并相信我所在的国家及其人民的。

相信是通往成功的捷径。

一切都是基本，不是技巧。

不顺利时就停下来，问问自己"是否顺应时代""做法是否正确"。

如果能描绘出成功的样子，就能到达那里

　　关键在于拥有广阔的视野。

　　人是可以到达自己所描绘的地方的，这需要构建力。当开始着手新的事情时，就去思考该怎么做。

　　例如在建房时，需要考虑家庭构成、土地、资金，以及想要什么样的生活。

　　用英语表达更加简单明了：

- ・Architecture（绘图）
- ・Creation（创造）
- ・Systems（系统化）
- ・Building（建造）
- ・Construction（实际施工）

缺少其中任何一项，房屋都无法建成。

将各种事物组合（构建）起来，才能建成房屋。

没有梦想，就不会有智慧

拥有明确的目标和视野。

从梦想开始做逆向推算。梦想和目标是终点。

如果没有这些，就什么都开始不了，见识和巧思也无从谈起。

有魅力的领导者都有梦想。

为了实现梦想和目标，就要付出智慧和创意。

不要混淆目的和手段。

创造源于内心（情感），
而非头脑（理性）

心眼是必需的。

什么是心眼？

不是用语言去对话，而是用心去交流。

要有强烈的情感。

倘若没有看到无形之物、听到无声之声的能力，心眼就不会开启。

虽然我的语言（外语）不够好，但我可以在包括中国在内的亚洲地区从事人才培养，开展业务。

这是因为我能始终用心去对待他人。

人迹罕至的地方，
有一条通往花海的路

　　与众人走相同的路，是无法取胜的。

　　多数人走的路虽然安全，但很无趣。我一直渴望冒险，也这样走了过来。

　　虽然孤独，但没有竞争。

　　如果成功了，道理就会随之而来。

前方无路，后方有路

开辟一条新的道路。

人们走过的地方有路。

虽然安全，但无趣。

自己开辟新的道路，会有新的发现。与新的价值、文化的相遇，这让人兴奋不已。

在新的道路上不断前进，

虽然会有苦难和挫折，但这也是一种乐趣和学习。

所有责任都在自己，无法找借口推脱，但成功路上的光芒会成为自信的源泉。

面向未来而非过去

重视明天和未来，而不是体验和经验。

抛弃过去，创造未来。

不是着眼过去思考现在，而是立足当下思考未来。

我想面向现在和未来生活。

怀揣梦想，等待我们的是光明的未来。

从纵、横、斜、东西南北来思考

从各个方面去思考。

思考时，不要局限于单一的思维方式。

从纵向、横向和斜向无限思考。

多角度思考。

不是一种方式，而是多种方式。

通过训练，可以掌握这种思维方式。

这样就会有无数条路。

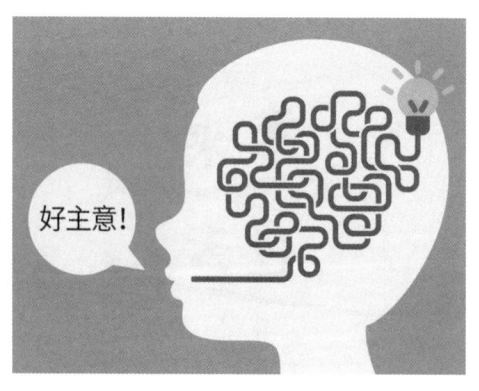

越是困难，越有价值

转换思维方式，挑战别人做不到的事情。

没有前例时，会有最大的机会。

法律不仅仅是要遵守的，更是要超越的。

我一直是这样做的。

虽然从体验和经验来看可能很难，但没有前例的事情是开辟新路的机会。

智慧没有标准答案，但有其他方法

试试看，如果不行，再换别的方法。先要去做。

不试试就不知道行不行。

只要不丧命，就可以尝试任何事情。

我告诉员工："你的失败不会让公司倒闭，所以大胆去做。"（虽然如果我失败了公司可能会倒闭）

为了激发智慧，我鼓励"浪费"和"不认真"。

浪费也有必要的浪费和不必要的浪费之分。

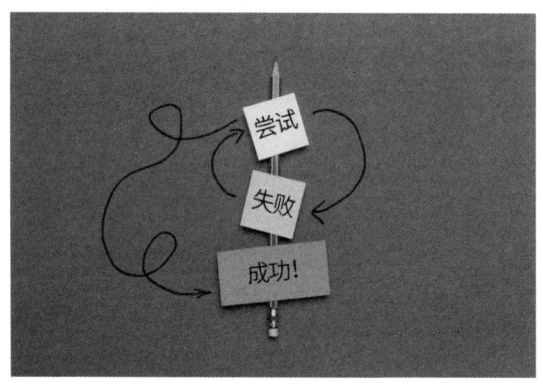

令人兴奋的提案往往是简单的

越简单就越困难。因为这考验的是天分。

需要具备看穿本质的能力。

原理、原则就在身边。

在日常生活中，就要培养用三言两语表达清楚（抓住人心）的习惯。

为此要去学习。

一流的人不会有多余的口舌。

拖拖拉拉地说话，就是在浪费时间。

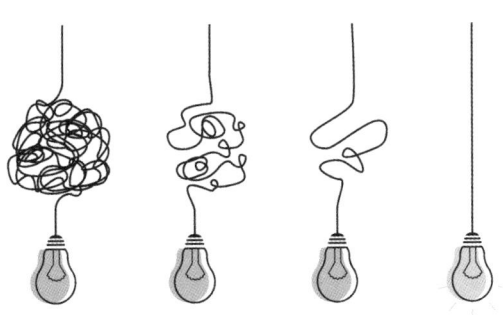

一切从舍弃开始

没有什么比原点更强大。

常有人问：如何舍弃？

答案是舍弃一切。

就像把杯子倒空了，才能注入新的水源。新的事物从舍弃旧的开始。

不舍弃，什么都无法开始。

就从舍弃常识、固定观念和成功经验开始吧。

与其展现智慧，
不如运用智慧取得成果

重视运用，而非所有。

要动脑思考，但只有将所思所想付诸实践，才能得出答案。

"剪刀"在正确使用的前提下也能发挥巨大作用。

善于利用身边的事物很重要。

平凡不会带来新事物

与人同道——平凡；另辟蹊径——非凡。

有人喜欢平凡，但我选择非凡之路。

这需要勇气，但我愿意走非凡之路。

少数人选择的道路，更加熠熠生辉。

为了家庭，可以选择平凡；为了成长，则应选择非凡……

这是我的想法。

大局观（社会视角）

要从整体入手。只关注局部就会失败。

首先关注社会，其次是对方·客户，最后才是自己。

我们生活在社会之中，因此必须洞察大的趋势。

用英语说，就是拥有"Social"视角，能被更多人接受。

从本质、根本上讲，社会视角是最重要的。

洞察形势的敏锐（观、感、觉）

观——观察。感——感受。觉——动脑。

如何培养敏锐感？

意识到一切：珍惜每次相遇，把握机会并尝试。

仔细观察，感受整体。

动脑思考，就能看清全局和走向。

眼、身、脑全方位运转，方能把握形势。

我始终希望如此。

第2章

人才培养50年

一切皆始于人

不论是农业、工业，还是 IT 知识产业，一切的原点皆是人。

人才培养虽需时间和金钱，但必定会开花结果。

农业社会→工业社会→IT 社会→以人为本的社会。

以人为本，说的是健康和环境。

如处理老龄化之类的问题，要以人为中心。

有了人脉，大部分事情都能办成。

GMC（Global Management College，全球化经营管理人才机构）

中国有很多优秀人才。我希望在大学授课，使这些人才成为领导者。

四五十岁才成为领导者，为时已晚。要在 22 岁时就成为领导者。

世界上的一切都是管理，不论是国家、企业还是大学。

培养 1000 名能进行全球化管理的领导者，形成 Human Network。（人才培养的所有课程均免费，利用公司利润的一部分进行）

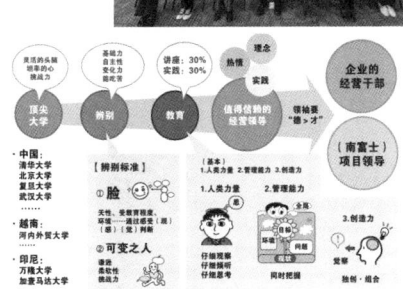

Roof Meister School
（屋顶工匠学校）

日本有 146 万人在家闭门不出。我希望能利用这些"沉睡"的人。

我于 2016 年启动了将待业青年和"御宅一族"培养成屋顶工匠的计划，目标是在三个月内培养出合格的专业人士。

当然，费用全免。

潜力录用

人的能力, 可见的、可自我觉察的仅有 20% ～ 30%。

要进行能够发掘隐藏才能的人员录用工作。

为他们提供各种机会, 其潜力就会显现。

然后对其加以培养。

并非目前可见的才能, 而是培养未来即将绽放的才能。

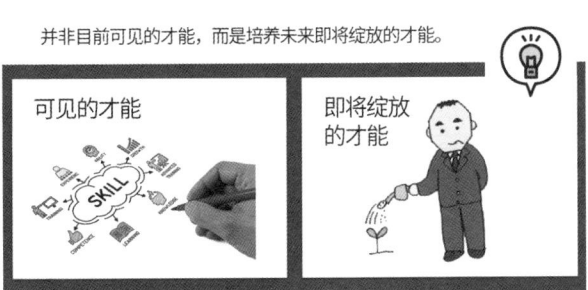

小型经营者（销售主任）

通过给予年轻人机会来培养领导者。

入社一两年，就把他们提拔成见习领导者。

让他们作为小型经营者在实践中学习。

目前，有 9 名大学生入社后，担任了 1~3 年的小型经营者。

这是委任经营的实践版。

PPD（Pro Pro Director）

本公司有许多年轻的主任和领导，但能与客户、一流工匠等专业人士平等对话的人很少。

为了使强项部门（屋顶·外墙施工）更加强大，知识、经验丰富的职业人才的协助必不可少。

在这样的背景下，我们设置了新的职位，负责年轻主任、领导的培养以及与客户、专业工匠谈判等工作。

PPD 的条件有以下三点：

（1）在屋顶、墙壁工程领域拥有丰富知识与经验。

（2）富有人际关系魅力。

（3）能与年轻人对话。

目前我们有 4 名 PPD 活跃在工作一线。

《头脑活性化杂志 M-net》

高层在想什么、见什么人，部下无从得知。

因此，我们通过高层行动透明化来活跃员工思维。

为了鼓励员工学习，这项行动已持续了 24 年。

以日文、中文、英文等多个语种成书。

每月 3 次，分别在 8 日、18 日、28 日出书。

（3 次×12 个月×24 年，总计 864 次）

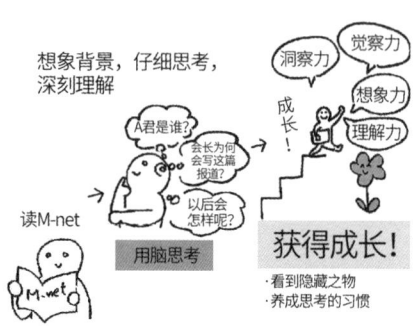

《草根·中日人才新报》

持续了 50 年的中日人才培养事业，一直是草根式的。

草の根・日中人材新報 2024.新春号
(財)日中人材育成協会

日本の生きる道「人材育成」

福田会員が提言されている。
「単にモノや金を供給するような考え方では限界がある。
日本がもつ強みのひとつが人材育成である。
こうした点に力を注ぎ「お互いに成長していこう」という
姿勢を持っていくことが求められている。むしろ
そこにこそ日本の生きる道は残いのかもしれない。」
アジア各国は様々な考え方がある。
民族も宗教も、言語も違う。
一つの考え方を押し付けようとすると対立が起こる。
日本はアジア各国の気持ちを理解できる数少ない国の
一つだろう。
世界における経済的地位が相対的に下がっても、
日本に対するアジアの国々の期待は、今も大きいと感じる。

インドネシアでも「Global Management College」Start

アジア一体化構想のもと、中国を中心とし、インドネシアでも「人づくり」を展開する。
インドネシア No.1 大学 インドネシア大学とインドネシア第二の都市、スラバヤの ITS(スラバヤ工科
大学)で、2024年冬に各大学とタイアップし、経営人材・トップリーダー育成のGMCがスタートする。
両大学の学長も趣旨に賛同して頂き、一緒に人づくりが今年から始まる。
(GMCは2005年、中国・武漢でスタートし、今37期)

インドネシア大学打合

ITS大学打合

一般财团法人中日（亚洲）人才育成协会

我原本打算在 80 岁退休，但因中国张总经理的一封邮件……既然被寄予如此厚望，我决定"在 80 岁继续挑战"。

我们成立了中日（亚洲）人才育成协会，聘请日本前首相福田康夫先生担任会长。

在全球化和数字化加速发展的今天，我们致力于培养超越传统价值观的真正的全球化人才，目标是促进日本、中国，乃至整个亚洲的发展。

我 50 年以来的育人工作，终于成为公共事业。

如果人才培养能成为亚洲一体化的桥梁，对我而言将是意外之喜。

育人全免费

着眼于未来十年，播撒育人之种。

不收取费用，就会收获信赖。

收取费用，就会产生依赖。免费教育更自由。

育人是所有工作的起点和目标。

培养人才需要资金。

以商业为手段获取收益，将其中一部分用于育人。

这意味着全体员工都在参与育人。

目标是育人，手段是商业。

育人需要时间和资金
（不是费用，而是投资、播种）

有人问我："杉山先生的爱好是什么？"

我回答："育人。"

把它当作自己的爱好，持续了下来。

育人是最好的播种。只要播种就会发芽。

我在中国和亚洲其他国家进行了 50 年的免费育人工作。

这是我的"无形资产"，也是巨大财富。

我觉得能进行播种真的是太好了。

育人

育人就是"Human Network"，就是培养人脉

　　人与人的相遇，能够带来机会。

　　最终成为"Human Network"。

　　人生始于相遇。

　　我深感，与许多人的相遇培养了我。

　　我认为，"Face To Face"的相遇才是人生。

　　不仅仅是坐在桌前或使用电脑、智能手机，走出去与人见面（去现场）才能真正培养人。

将遇到的人变成粉丝

每天、每月、每年都有很多邂逅，大多邂逅都是有所关联的。

如果能将遇到的人变成粉丝，那是最好的。

Give，Give，Give，然后感恩，Take。

如果自身缺乏魅力，他人是不会靠近的。

即使来了，也仅此一次，没有下文。

关键在于打造富有魅力的自己。

人是在环境和机会中成长的

教育对人才培养的作用是有限的。

人是在环境和机会中成长的。

机会不能存储，也不会等待。

通过改变环境，人可以获得成长。

我只能提供"发现"和"机会"。

如何利用它们，取决于你自己。

关键在于培养领导者

只要是两个人以上的地方，就需要领导者。

国家和企业的一切都取决于领导者。

等待是培养不出领导者的。

如果有"灵活的头脑""谦虚的态度"和"挑战的能力"，就能成为领导者。

其中，"谦虚的态度"尤其重要。

GMC 就是一个典范。

学习就是挑战新事物

学习不是读书，而是挑战。

通过挑战，从成功和失败中学习。

无论年轻还是年迈，我们一生都在学习。

毕业后，真正的学习才刚刚开始。

没有教科书，也没有标准答案。

因此,勇于挑战与逃避挑战的人,差距也会非常明显。

不是记忆，而是学习（思考）的习惯
（不是 Teach，而是 Learn）

"教"与"学"。

"教科书"与"无教师"。

"有答案"与"无方法"。

"记忆"与"发现·思考"。

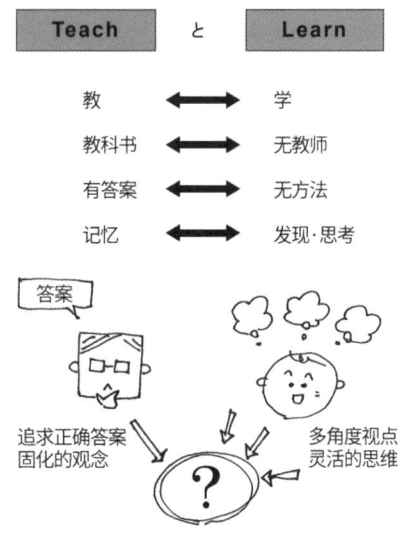

培养有一技之长的人

没有完美的人。

但理想状态是至少有一样东西不输给任何人。

希望能拥有"思考""速度""实践力"中的一样。

"笑容灿烂""精力充沛"的人也不错。

这个世界需要出类拔萃的力量。

评价不是自己给的,是周围的人给的。

> # 人类力量教育（感恩）（德行）（谦虚的心）（学习态度）（面容）（智慧）（两眼两耳一嘴）

比才能更重要的是德行。

人类的力量始于感恩。

这个话题没有标准答案，但无论如何都要有一个大梦想（目标），一步一步前进。

只要拥有个人魅力，无论走到世界的哪个地方都没有问题。

通过长相，大致能看出一个人的为人。

因为脸是无法伪装的。

心怀感恩，积累德行，保持谦逊，勤学不怠，这些自然都会反映在脸上。

眼睛　2

耳朵　2

嘴巴　1

如果有兴趣，人会快速成长

对万事万物都充满兴趣、保持关注，人就会成长。

看看婴儿就知道了。

一切的起点是好奇心。

有意识地去挑战各种事物，就会获得很多启示。

虽然没有标准答案，但仍要去尝试。

一边奔跑一边思考也是一种生活方式。

教育就是共同谈论梦想

　　教育不是说教。

　　教育是分享梦想。

　　在暗淡、痛苦和艰难之时，有了梦想，就能开辟道路。

　　梦想有两种。

　　一种是未来的宏大梦想，另一种是当下的梦想。

　　教育就是同时谈论宏大梦想和解决当下课题。

　　即使现在很苦，只要明天还有希望，人就会变得有活力。

　　不能谈论梦想的人，无法培养他人。

成长的人拥有"谦虚的心" "灵活的头脑"和"挑战的勇气"

GMC 的入学条件就是这三点。

只要具备这三点，人就能成长。

比知识储备和学力更重要的是这三点。

谦虚的心——无限的可能性，接受新事物的能力。

灵活的头脑——打破固有模式，灵活应对的能力。

挑战的勇气——人通过实践而非理论成长，失败也能成为养分。

第 3 章

何谓经营

经营很简单

数据与创新（Innovation）。

经营就是数据（收入和支出，In/Out）。遇到壁垒时需要创新。

新业务

在进攻的同时，要确保随时都可以撤退。

挑战新事物，成功和失败的概率都是 50%。

要做好随时改变方向的准备。

市场导向经营

　　从东京圈出发，开拓新市场（中国甚至亚洲）。

　　有人的地方就有市场。在有鱼的地方做生意和培养人才。

让强者更强

好的工作会吸引更多竞争对手。

若一项业务无法做成第一或唯一，就不该去做。

第一·唯一经营

（"Gulliver" 经营）

不强大就无法存活。成为 "Gulliver" 便是最佳。

数字化时代的模拟经营

世界上的一切都在数字化。

在人迹罕至的地方有路，是花路。

我们专注于"衣食住行"中的"住"。房屋的屋顶能保障人的生命和财产。

  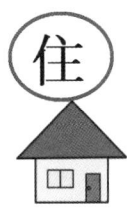

衣　　食　　住

赚钱的能力

（"Gulliver"屋顶工程业务）

既然是生意，就必须能赚钱（收益），否则无法生存。

少数精锐

少数成为精锐。

不是聚集少数精锐，而是因为少数所以精锐。

实践经营

挑战经营不怕失败。

经营学可以在大学学习。

但经营只能通过实践学习。

"Yes Try" 经营

即挑战性经营。

什么都试试。

失败了就从中学习，一旦成功就能增强信心。

全员反对是通向成功的捷径。

能力主义经营

不论性别、学历、国籍、经验，机会平等。

有能力的人应该参与经营。要给予人才平等的机会。

本地化经营

人才培养，交给当地人。

我在海外遇到的最大难题是自己日本人的身份。

培养当地人，并将业务委任给他们，是最好的经营方式。

培养人才，委任经营

这些活动在中国及亚洲其他国家开展。

没有天生就优秀的人。人才培养至关重要。

亚洲一体化经营

一体化经营亦在日本进行。

中国有 14.08 亿人口。印尼有 2.51 亿人口。

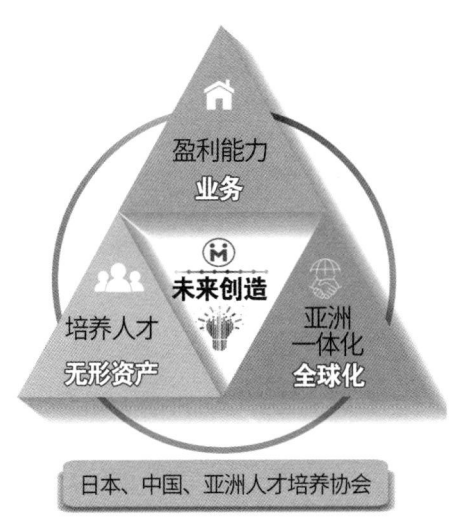

理念经营

我们有统一价值观的 8 条规定。

思想不统一就难堪大用。我们的理念在任何国家都是统一的。

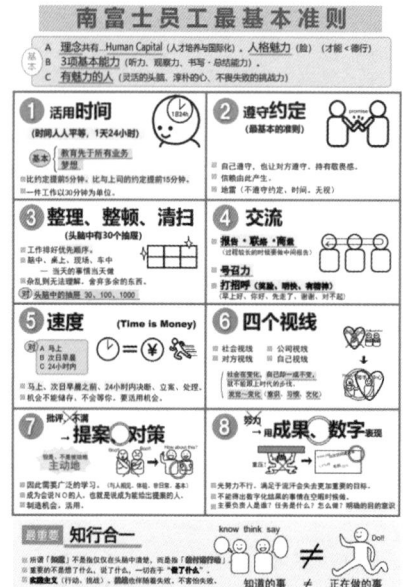

不模仿他人，
也不会被模仿的经营模式

这就是差异化经营。

将他人不做的事情变成生意，就不会被模仿。

"Innovation" 经营

从 0 到 1 的业务，没有就去创造。

通过经营知识资产，开花结果。

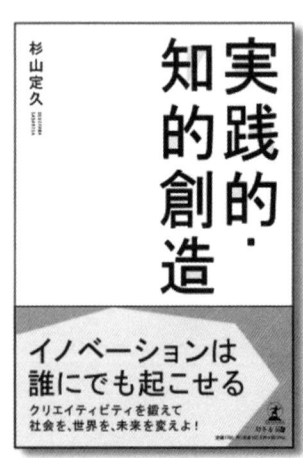

竹林经营

不是从一根茎上发芽，而是开创新业务。

像竹林一样，这是一种不断培育新芽的经营方式。

"54321" 经营

逆向思维。

并非所有事情都从 1 开始，有时也会从 5 开始。

要善用逆向思维。

"Scrap & Build" 经营

根基不变，但方法不断变化。

认为好的就试试。

若不顺利就撤退。

"Chemistry" 经营

　　没有至少 300 个口袋（知识·经验），就无法激发智慧。

　　我有 3000 个口袋。3000×3000 可以产生 9000000 个想法。

　　口袋与口袋相结合，将引发智慧的化学反应。

知识资产经营

知识资产经营需要智慧、信息、网络、人脉，无需税收、运费、汇率。

利用无形资产开展业务、培养人才，会开出绚丽的花朵。

无资产经营

不持有资产，持有智慧。

也许就是因为没有资产才选择无资产经营。光脚的人是最强的。

"二刀流"经营

经营业务与培养人才,这就是我的"二刀流"*经营。
就像棒球选手大谷翔平一样,只要去做,就能做到。

*"二刀流",日语本义为用两把刀战斗的流派,这里的"二刀"指"经营业务"与"培养人才"。

播种式经营

预见三步以后再进行投资。

如果从表象（现在）开始，就永远不会改变。

要从三步以后（目标、梦想）开始。

时代到来经营

播种之后会开花。

撒下种子，提供水和阳光，花朵就会绽放。

"Network" 经营

　　不论是我的屋顶工程，还是亚洲一体化，都需要建立"Human Network"（人的网络）。

　　一个人、一个组织的力量是有限的。

　　从现在开始，是"We Network"时代。

第4章

何谓信息

信息必须发出才能被接收

越是想要信息的人，越不发出信息。Give，Give，Give，然后 Take。

我已经出版了 18 本书。

电子杂志《头脑活性化杂志 M-net》每月发布 3 次，已持续 24 年。

我还进行了很多次演讲。

像这样，直至今日，我仍在持续发出信息，也会收到来自日本、中国、亚洲其他国家，乃至全世界的各类信息。

之所以撰写本书，也是因为我收到了一封来自中国的邮件。

不仅仅是报纸、电视、SNS上的信息，我更需要原汁原味的信息。

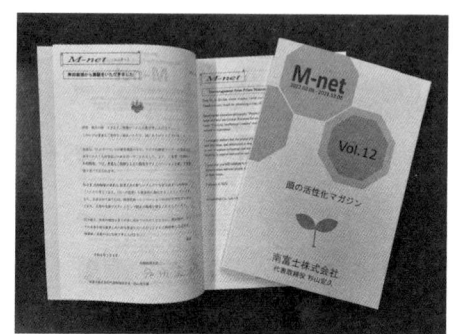

相信亲眼所见、亲身所感的事物

不要盲目相信报纸、电视、网络上的信息。

所有的信息都是人为加工过的。

在海外遇到其他日本人时，他们会根据自己的价值观来判断和陈述事实。

我需要的是未经加工的原始信息。通过亲力亲为获得的信息才有价值。

走出去，与人相遇，才是最宝贵的信息。

人生就是遇见。

来自现场的原始信息是有价值的

　　遇到障碍时，就在现场寻找线索。人类会隐瞒或掩饰对自己不利的信息。

　　动物、植物、自然是不会撒谎的。

　　我的老师是动物和植物。

　　桌上的信息和头脑中的理论都有其局限性。

　　现场就有正等待我们利用的原始信息。

　　走进现场吧。

表面（经过加工的）信息和背后（原始的）信息

我拥有获取本质和原始信息的手段。

可轻易获得的信息没有多少价值。

表面上的信息和真正的原始信息有着天壤之别。信息固然重要，但最重要的是信息源（人）。

原始信息虽能获取，但多数人是做不到的。

要珍惜那些拥有原始信息的人（信息源）。

总结信息，可察动向

记笔记，可视化。把信息写在纸上贴出来会更清楚。

分散的信息价值低。

写在纸上，就可看清大的动向。

写在纸上贴起来，会更加清晰。

信息也是有生命的。

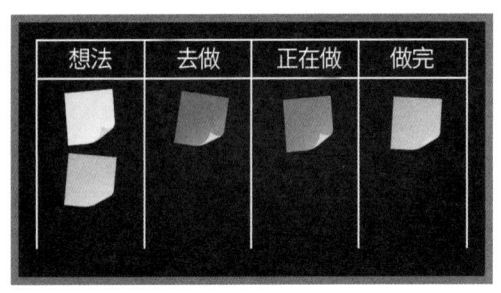

了解信息背后的本质

不要盲目接受信息，一定要去思考其更深层次的内涵。

要具备看透信息本质的洞察力。

如何培养洞察力？你需要阅读。

同一本书读一遍，可以明白作者写了什么。

同一本书读五遍，可以看到作者未写出的意图。

这样就能培养洞察力。

灵敏度差的话，信息会被漏掉

如何提高自己的灵敏度？大脑要全速运转。

磨炼三种感受：观、感、觉。

人有两只眼睛、两只耳朵，却只有一张嘴。

要善于观察、善于感受、善于思考。这样才能获得更敏锐的感知。

大脑活动

通过两只眼睛、两只耳朵接收信息

善于观察，善于倾听。

能看到深不可见的深处、听到无声之声的人才是领导者。

为了能看到无形之物、听到无声之声，日常训练非常重要。

迅速观察整体，感受氛围。

练习去感受他人的脸色和眼睛的光芒吧。

"与谁见面"决定信息差异

自己虽非一流，但与一流的人见面后会感到满足。

然而，对方可能会不满。

修养是必要的。

以前，我曾做过文物保护委员会委员，但无法区分真品和赝品。于是我问委员会主席："如何才能区分？"

委员会主席回答："不论是人、书画、古董还是食物，只要经常接触一流的东西，遇到二流的东西时就能立刻区分出来……"他告诫我："要与一流接触。"

从那以后，我深刻体会到必须提升自己，并一直在实践。

信息的价值不在于获取，
而在于如何利用

　　与其为收集信息而努力，不如致力于信息的有效利用。

　　如果自己有魅力，信息就会源源不断地涌来。

　　一旦被认为"把信息给这个人也没什么用……"就完了。

　　首先，要成为一个有魅力的人，一个始终闪耀的人。这是必须的。

　　然后，要成为能够活用信息的人。

　　有了魅力，各种信息会从世界各地接踵而至。

现在需要的是多角度思维（中国、日本、亚洲），单一思维是不可行的

处理事务时，常说"人、物、钱"。

然而现在，又增加了以下六点。

我认为现在是"6K"*时代，即"健康、环境、老龄化、国际化、教育、计算机"。

亚洲一体化的时代到来了。

*"健康、环境、老龄化、国际化、教育、计算机"日语发音均以"K"开头。

第 5 章

懂得舍弃

抛弃过去，面向现在和未来

不是从过去通向现在，而是从现在通向未来。

为此需要抛弃（忘记）过去。

虽然过去很重要，但现在和未来更加重要。

以过去为基础去思考，就无法到达未来。

以未来（梦想）为目标，从现在开始行动，可以获得巨大的成长。

不要活在过去，而要活在未来。

放弃过去的成功经验

如果执着于成功，就会被成功经验所束缚。

成功了，就向下一个目标进发。

成功了，第一卷就结束了。

成功了，就果断地放下，从那里开始新的第二卷。

我也在不断改变，从木材、生意、屋顶工程，到人才培养、中国乃至亚洲……

把成功装进口袋，需要的时候再拿出来。

放弃多少，就能收获多少

真正需要珍惜的东西是什么？

抛弃常识和过去，未来就会展现。

就像杯子里的水一样，倒掉一些就有了空隙，才能注入新的水源。

放弃需要勇气，但如果试着做了，就会发现其实很简单。

不要用过去的价值观，而要用未来的价值观去判断事物。

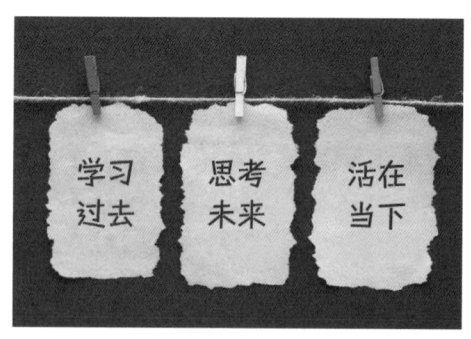

不能放弃生命，
但直面生命时，人会改变

在面对重大疾病或死亡时，人会改变。

只需一句话便可豁然开朗。

我遇到过许多人，只有顺风顺水是不行的。

在逆境中，人的本领才会显现。

危机就是机遇。"不得了"也可以变成"了不得"。

在面对死亡时，没有人不会改变。

价值观在不断改变，要果断地放弃

　　没有勇气就无法放弃。能够放弃的人才有明天。

　　没有自信，就会紧紧抓住旧的价值观不放。

　　当社会发生变化时，自己如果不改变，那就结束了。

　　不仅仅要遵守法律，有时试着超越法律，才能看到新的世界。

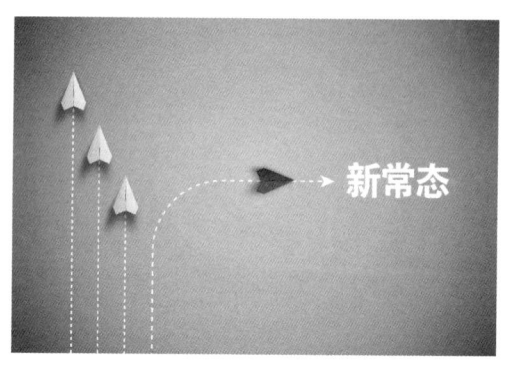

如果杯子里装满了水，
就无法注入新的水源

先从放弃开始。思维仅仅停留在杯子里是狭隘的。

大家都该放弃点什么。

不仅要思考自己所在城市的地图，还要思考日本地图和世界地图，这样才能意识到自己在杯里思考的狭隘。

假设杯子里有30％的水。有人会认为只剩30％的水，有人会认为还有30％的水。

关键在于思维方式。

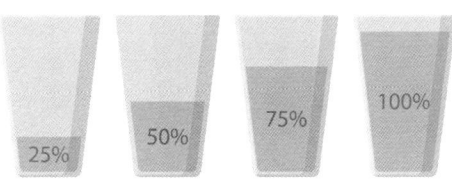

需要"放弃的勇气"

想要放弃，却无法放弃。这需要决心和执行力。

很多人明白却做不到。这和不明白是一样的。

因为认识到还会有新的东西，所以能够放弃。

如果认为不会再有新的东西，就无法放弃。

放弃旧的，必然会有新的收获。要为此去努力和动脑。这样人才能成长。

"Scrap & Build"，求变则存

觉得好就去做，不行就撤退。这是现今时代的基本法则。

"Scrap & Build（拆旧建新）"的基本思想是了解（洞察）本质。不要根据表象来判断。

还有一点是看谁来负责。对人的判断不能出错。

改变人，改变方法，改变系统，
新的机遇就会出现

改变需要勇气。比起什么都不做，尝试一下会有更好的结果。

这也是机会的另一种说法。

即使在实践中失败了，也是为下一次积累经验。

然而，如果什么都不做，同样的事情就会再次发生。

我确信，把改变看作机会，勇于挑战是最好的选择。

调整优先顺序，一切都会改变

常识和固有观念是人的一大弊病。

在漫长的人生中，以往的常识会自然而然地成为我们判断的基准。

对好的东西说"No"，把原来认为"No"的东西当作"OK"去尝试，会有新的发现。

什么是最优先的？

固有观念是一种障碍。

重新审视社会的动向和社会的视角，优先顺序也会随之改变。

留下三样，其他全部舍弃

留下三样重要的东西，其余的都舍弃。

报告、策划写太多，就无法把握重要的是哪个。

要简单明了，如果能用图画或照片，即"Art Man-agement"来表现，会更容易理解。

当努力不奏效时

可能是因为不合时代或方法不对。

简单思考就会有出路。

有时，可能无论多么努力，也不太顺利。

这时就需要果断决策：①此事业不顺应时代，即目标与时代不符；②方法不好，负责人有问题。

将精力转向其他方面是最好的选择。

我也从木材和住宅事业中学到了很多。

法律不仅仅是用来遵守的，
更是用来超越的

单纯遵守是软弱的，违反是错误的，要用新的价值观来看待法律。

在给法学院的学生讲课时，当我说到"法律不仅仅是用来遵守的，更是用来超越的"，学生都会睁大眼睛看着我……

创建新的公司或新的平台，法律才能随之发展。

仅仅遵守是不行的，法律也需要创新。

第 6 章

常有发现

时刻关注整体，不为表象左右

生活在社会中，首先要有社会视角。

表象只是当下的。

尽管表象最先映入眼帘，但若只关注表象，就会停留在表象上。

必须看穿表象背后的本质。

同时观察表象和内在本质,这样的思维是很重要的。

通过训练，可以拥有这种多重思维。

三步以后的事，现在就去行动

仅从现在（表象）开始，就没有未来。

考虑三步以后，从现在开始着手。

表象谁都能看懂，容易理解，但也仅此而已。

表象的进展方向是什么？到达的终点是哪里？

稍微考虑一下未来，就会有很多方法。

不仅仅考虑一步以后，还要考虑两步以后会怎样，最后的目的地（三步以后）是哪里……

这样思考会带来乐趣。

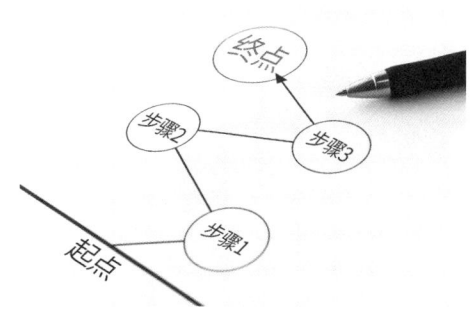

写在纸上，贴出来，做整理

只是思考的话，很快就会忘记。

要写下来。

将写下的东西可视化，就能时刻牢记。

要想写好，就要具备"总结的能力"和"舍弃多余事物的能力"。

写下来后，这件事就可以忘掉了，继续考虑下一件事，这样效率更高。

不仅仅是自己的意见，若能将对方的需求也写下来，那就更好了。

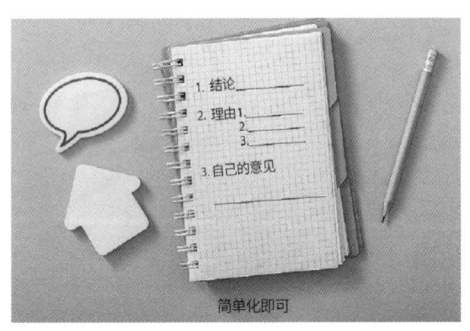

简单化即可

至少要有5个问题意识

有课题（问题）的人生是有趣的，也是活着的证明。

问题解决后，路会越走越宽。

带着课题去与人交往、去行动、去读书，会有很多新发现。

如果没有课题，一切就将止步于此。

持有多种多样的课题，彼此之间相互刺激，就会产生新的发现。

负负得正。课题是让人成长的阶梯。

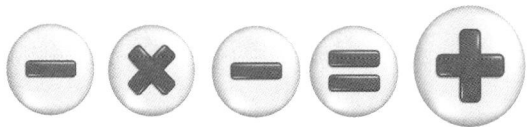

看人要看脸（眼睛）

人脸是无法掩饰的。脸（眼睛）比嘴巴更能表现一个人。

虽然我们都想看清一个人的内心和头脑，但遗憾的是这不可能。

能看到的东西有两样：一是人的行为（做什么）；二是脸。

欢快的脸，暗淡的脸，不安的脸，充满活力的脸，有所渴望的脸……

在国际化进程中，仅通过语言来理解，是无法达到100％的。

通过脸，或者说通过眼睛来判断，即使不完全正确，也不会错得太离谱。

快速观察训练

盯着看太久，会让人觉得很奇怪。

事先告知的话，只能看到表面。

如果能瞬间把握当时的氛围，就能总览全局。

希望大家能掌握快速认清本质的能力。

习惯比较着去看、去思考

思考方式有很多种，但通过与各种事物进行比较，会更容易理解。

不同的国家，不同的经历；有那么几个人，胖的，瘦的，有精神的，没精神的。

一比较就一目了然。

单看个体很难判断。

如果用画或照片来表示，就非常清楚了。

"Art In Management"也是其中一种，是用绘图或漫画来反映管理的方法。

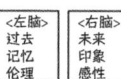

绘画的好处

传达   发散思维

😊 传达：心灵、数字、绘画是全世界通用的
　　↳ 传达手段·交流

😊 发散思维：未来的经营就是"管理+创造"
　　↳ 用画＝用想象力↳右脑活性↳发散思维♪

<左脑>	<右脑>
过去	未来
记忆	印象
伦理	感性

将自己的关注范围扩展为
社会的关注范围

自己的关注范围很窄。

若将其扩展到社会的关注范围，视野会扩大十倍。

改变标准，看到的世界就会不同。

人总是用自己的体验和价值观来看待和判断事物。

将自己的关注换成社会的关注，可以看到各种不同的东西。

人们总认为自己很渺小、社会很宏大，但亲身实践后会发现自己也能变得宏大。

不要只是想，要去实践。

不要混淆目的和手段

在努力过程中，手段会在不知不觉中变成目的。

首先要有明确的目标。

我（我们公司）的目的是培养人才，手段是经营业务。

培养人才需要花钱，所以我会将利润的一部分用于这项事业。

有时，手段会变成目的。

若商业和赚钱变成目的，将会很悲哀。

赚到的钱要用在什么地方呢？

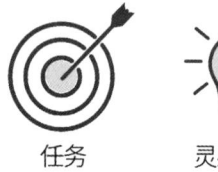

任务　　　　灵感显现

价值

不是明白（Understand）
而是能做（Can Do）

懂的人很多，但能做的人只有十之一二。

能坚持下去的人更是百里挑一。

懂了但不能做，和不懂是一样的。

挑战会有成功和失败。失败才是学习的根本。

希望通过行动去融会贯通。

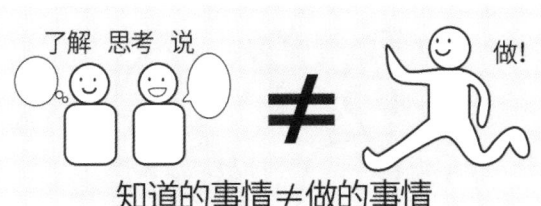

重要的东西隐藏在表象背后

本质是看不见的。

平时就要进行观察无形之物、聆听无声之声的训练。

人们很难向他人展示自己重要的东西。

社会也和人一样。

不要轻信表象，要有洞察本质的眼睛和心灵，这样人才能有所改变。

一本书读五遍，就能看出作者的意图 （无形之物）

同样的书读一遍、两遍、三遍，可以稍微明白作者的意图。

读五遍就能完全把握。

读书是一个不必打扰他人就能实现自我成长的方法。

第一次的感想，通常是关于书中所写的内容。

读五遍后，就能体察作者的真意。

如果想培养洞察力，读书是最快的捷径。

不限类别
去阅读各种各样的书吧

线索就在现场

办公室或桌面上没有线索。

线索就在现场。

一切从走进现场开始。

基于自己亲身感受到的、亲眼看到的东西去思考，失败的可能性就会趋于零。

如果因相信他人的话而失败了，就会怨恨他人。

如果时间允许，请亲自去现场或当地进行确认并做出判断。现场不会撒谎。

线索，就在现场。

向自然和动物学习

没有人会告诉你答案。

自然和动物不会撒谎。

它们会带给你无限的启示。

我没有老师。

自然和动物就是我的老师。

自然有春夏秋冬，动物对自己坦诚。

饥饿时会寻找食物，饱足时则不会。

自然和动物都不会撒谎，可以信任。

无论是人际关系还是商业，信任都是基础。

第7章

拥有国际化视野

国际化并不是说英语
（这只是素养之一）

国际化最重要的是什么？是信任和喜欢对方的国家。

如果用语言无法充分传达，就"用心交流"。

用心交流，就是"信任"和"喜欢"对方的国家。

并不是盲目地信任，而是要仔细观察，做出判断。

用一句话来概括，就是"人的力量"。

对全球化人才一视同仁

共享价值观，不搞差异化。

全球化的基础是"理念"和"价值观"的共享。

无论多么优秀的人，如果不能共享这两点，就无法真正国际化。

不因国籍、性别、学历、经验而差别对待。

世界上有很多才华横溢的人，他们在等待机会。

全球化人才具有较高的社会贡献度

有能力、视野、智慧，以及人之为人的力量的人，可以为社会做出贡献。

为了什么而工作并追求利益（手段）呢？

从大的方面说，是为了人类、为了社会（目的）。

实现这一目标需要金钱。

通过获得金钱，来实现为社会做贡献的目标。

在我们公司，做生意是手段，培养人才是目的。

全球化人才需要教养（人文科学），
需要广泛学习哲学、历史、
社会科学、自然科学等

越是看似无用的学习，越能体现真正的教养。

要想把坑挖得更深，最好先扩大其直径。

人也一样，T 型人才是最理想的。

可以说，这是"必要的浪费"，也是"浪费的效用"。

教养

拥有见识和教养
（看似无用的学习）

所有人都会学那些立刻能派上用场的东西。

我们需要的是广泛的教养和见识。

犹太人拥有很高的见识和教养。

这是因为他们从小就认真学习，长大后自立。

现在看似无用的学习，也能让人成长。

想法可以有，但关键在于实践。

从中国到亚洲，从事无偿人才培养 50 年

　　我把人才培养视为自己的兴趣、播种和终身事业，坚信其会开花结果，故开始从事这项工作。

　　在中国开展人才培养，这项事业很受欢迎。

　　中国人口众多，优秀的人也很多。

　　当时，我作出一个大胆的决定：免费开展这项事业，不向贫穷的学生收钱。

　　免费培养人才，一开始的确令人难以置信，但这项事业现已成为我们的财富。

关于人才培养

一切的基础是人。

虽然没有标准答案，但我们一直在进行人才培养的挑战。

我们公司的基本原则是"人才培养"与"业务"并行。

播下的种子不一定都能发芽，但必然有一部分可以茁壮成长。

我们不仅在日本，在中国和亚洲其他国家也长期从事人才培养工作。

这项事业已经持续了 50 年。

这也许是一种文化……

持续赠书

　　书的再利用：书读完后的二次利用。通过文化投资建立网络。

　　当时我还没有太多可支配的资金。

　　能做的事情就是对读完的书进行二次利用。

　　我收集旧书，寄到中国的大学和图书馆，有 3000～5000 册。

　　免费提供图书，是一种不花钱的"文化交流"。

杉山播种奖学金（无偿还义务）

这是私人奖学金。

不动用公司资产和家庭资金，而用版税和演讲费来支付。

当时（20世纪），中国还比较贫穷，有很多没钱的学生。

我用自己的零用钱在各个大学设立了奖学金。

如果用公司的钱，员工会有意见；用家庭的钱，家人会有意见……

因此，我就将所有演讲费和书的版税都作为奖学金提供给学校。

不仅仅是中国，还有亚洲其他国家和非洲的学生……

为印尼的年轻人提供奖学金后，他们取得了显著的成绩，其中一位甚至成了部长。

大学教授

商业有风险，但教授是无风险的。培养人才是件有趣的事。

我虽然没有太多的教养和知识，但拥有丰富的实践经验。

作为实践经验的应用场所，我写书、作演讲；如果有人邀请，我还会担任大学的客座教授。

讲授的内容主要是自己通过实践得来的各种经验，多是关于"人才培养"的内容。

当然，费用全免。

学生如果对老师的话感兴趣就会听，如果不感兴趣，就毫无效果。

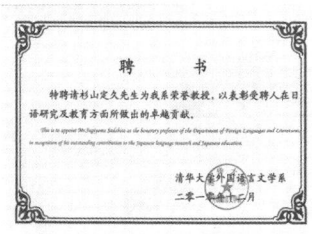

指导年轻人将工资的5%用于社会和自己。

在美国，人们会将工资的10%捐给教会。

我想做一些对社会和他人有益的事情。

"只为自己""只为现在""只为日本"是很悲哀的。

我教导GMC的学生，将工资的5%用于投资社会和自己。

我告诉他们，这一定会有回报。

> **大多数企业向海外扩张时首先考虑业务，而我则首先考虑人才培养，然后才是业务**

　　为什么先从人才培养开始？因为培养好人才后，业务才能顺利开展。

　　从人才培养和文化入手，可以带来新的发展。

　　一般来说，海外扩张是带着资金去投资。

　　由于我没有大额资金，所以我带着智慧（无形资产）出国。

　　首先进行人才培养，然后开展业务。

　　有了人才，就可以做很多事情，也可以建立各种网络。

在进行海外投资时，不是与对方国家的企业合作，而是与大学合作

大学虽然没有资金，但有头脑和人才。

我并非一开始就考虑为业务而进行海外扩张。

拜访大学（尤其是顶尖大学），与这里的校长交流。

如果理念一致，我就会与学生交流。

如果学生们的眼睛闪闪发光，我就会与这所大学合作，从"实践性的人才培养"开始。

为什么要与大学合作？我经常被问到这个问题。进入中国是从文化（赠书）开始的

我们通过赠送旧书进行文化投资，建立人脉网络。

大学在等待新的机会。

校长可能会说，没有资金，什么也做不了，但事实并非如此。

找到能做的事情，开始行动。

这就是创新。

如果能赢得信任，新的机会就会随之而来。

在困难的时候，才会生出机会。

我们需要出人意料的想法。

大学可能没有钱，但可以创造收入，通过设计（构建）获得绝对信任

将现有的资源和缺乏的资源组合起来，运用智慧，从 0 到 1 创造价值。

大学拥有聪明的人才、人脉和信赖关系。

没有比这更优秀的组织了。

合作的基础是绝对的信任。

大学一开始可能不会欢迎你，但一旦进入，一切就会好起来。

建造是：①Architecture②Creation
③Systems④Buildings
⑤Construction

用日语表达可能模糊不清，用英语说会更清晰。

建房子时，需要先有一个计划，否则房子无法建成。

接下来需要考虑各种事情，想象你要过什么样的生活。

然后，系统化地思考如何建造房子。

最后，实际的建造开始了。

通过汗水完成建造。

如果所有事情都能事先构建好，那将是完美的。

对于自己做不到的事情，就借助有能力的人的力量去做。

公司在中国顶尖大学之一的兰州大学运营的学生工作室于 2023 年启动

　　为什么选择兰州？因为它位于人口流动较少的内陆。这里有机会，有许多潜力无限的人才。

　　我来中国已经 50 年了，但从未到过兰州。

　　从上海坐飞机 2 个半小时，和去日本的时间一样。

　　我们发现，在中国的西部地区蕴藏着大量的机会。

　　我们向兰州大学介绍了过去 50 年我们在中国的成果，对方表示理解，并希望能与我们合作。

　　学校提供了一间教室，作为我们公司在校运营的学生工作室。

　　人才培养可以在任何地方开花结果。

第 8 章

所谓挑战

> ## 挑战总是伴随着失败，成功和失败的概率都是 50%，从失败中学习就好

即使到了 80 岁，也要勇于挑战。

这是一个百年人生的时代。

无论年龄多大，都要怀有梦想和目标，并勇于挑战。

我的人生就是不断地挑战。

坚持到底，就能成功。

如果半途而废，创造就会停止，最终以失败告终。

我想挑战，去做符合时代、让人喜悦的事情。

不要只是"想""思考"，
而要去实践

只是想象和思考是没用的，要去做（挑战）。

每个人都可以想象和思考。

但是，能把想法付诸实践（挑战）的人，百人中只有一人；而能坚持到成功那一刻的人，千人中只有一人。

坚持是困难的，没有健康、金钱和时间就更难。

坚持本身也是一种实力。

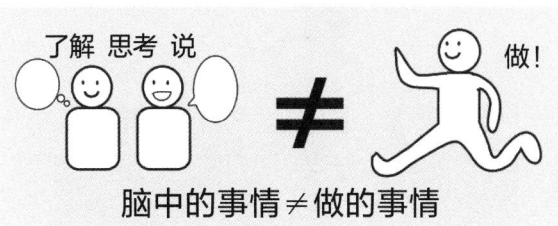

脑中的事情 ≠ 做的事情

既然要做，就大胆去挑战

全力以赴地去挑战，就能开拓道路。即使失败也能接受。

如果力量不足，就集中于一点去挑战，成功就会近在咫尺。

如果挑战出于自己的意愿，那么，哪怕失败也能接受。

与其后悔不做，不如先去做，哪怕会后悔。

不要做与他人相同的事
（人所行之处，背后有花路）

多数人走的路上，竞争会更加激烈。

真正轻松的路在人的背后。

走背后的路需要勇气，因为多数人会反对。

不树敌的生意，就是选择与他人不同的道路。

如果我做和别人一样的事情，有时会自我厌恶。

我认为，前面没有路，后面才有路。

就是这样。

即使你（员工）失败，公司也不会倒闭

"TOP"的失败可能会导致公司倒闭，但员工的失败没有关系。

请放心挑战并允许失败。

我认为"失败×失败＝成功"（负负得正）。

人生不是加法，而是乘法。（这是一种化学反应）

特别是年轻人，可以多多失败，并在未来利用这些失败。

与其后悔不挑战，
不如去做并吸取经验

　　不挑战的人总是在重复同样的失败。

　　失败了就从中学习。任何事情都是"Yes Try"，去做就会有新的发现。

　　没有比实践更好的学习。

　　成功和失败都是自己人生中的一页。

没有比实践（挑战）更好的教育

经营学可以在大学学习，但经营只能通过实践学习。

经营学学科与实际经营完全不同。

经营学是"纸上谈兵"，经营却往往是真刀真枪的对决。

实践的乐趣、痛苦和成功的喜悦，只有当事人才能理解。

国家、大学、企业、组织，全都取决于经营（领导者）。

任何事情都以"PDCA"为基础

首先是"Plan"（目标·梦想·计划）。

接着是基于"Plan"的"Do"（实践·行动）。

然后是检验"P"与"D"的"Check"（验证）。

计划是否不好,行动是否有问题,各种情况都有可能。

最后再次进入"Action"（行动）。

"PDCA"是做所有事的基础。

计划

实践

验证

行动

如果全员反对，就会成功

因为没有前例，所以成功率高。

从常识和过去的经验出发，人们会反对。

成功并不在过去的延长线上。

只有自己的头脑能想象得到，人们才会赞同。

如果反对，就应该拿出对策方案来反对。

有前例的话会轻松一些，但竞争对手已存在于此。

如果所有人都反对，那必定会成功。

我于 50 年前进入中国，我的专利是八角形住宅。

同时，我带着大学女子木匠团队，待业青年、"御宅一族"就业支援计划"Roof Meister School"，顶级大学毕业的经营人才（头脑型人才），人才培养 GMC 等。

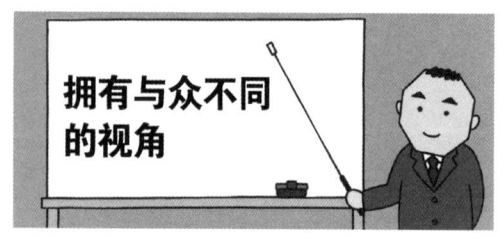

拥有与众不同的视角

同样的失败，决不重蹈覆辙

失败后要学习，决不再犯同样的错误。

要善于利用失败。

我认为失败的次数越多，成功的机会就越多。

但同样的失败决不能重蹈覆辙。

如果可以的话，希望大家趁着年轻多多挑战，经历失败。

然后，过上能笑谈这些失败的人生。

充满伤痕的人生更有趣，要善于利用失败（负负得正）

年轻时经历失败，并将其转化为人生的财富。

有多种经历的人，无论成败，都是富有魅力的人。

太过认真反而缺乏魅力。

换句话说，他们因害怕失败而不去尝试。

他们设定了自己的条条框框，绝不突破，所以也不会失败。

我的建议是超越框架，挑战自己的人生。

百折不挠

只要不放弃，就没有失败。坚持到底的精神很重要。

即使摔倒七次，也要第八次站起来，成为坚韧的人。

如果没有明确的梦想或目标，就无法挑战七次。

放弃就等于丢掉了创造力。

达摩不管摔倒多少次，都会再站起来。

挑战需要能量（时间和金钱）

没有赚钱的能力，梦想就会成为空谈。

时间的使用方法很重要。

以培养人才为目的。为达成这一目的，我积极进行商业活动（作为手段）。

这样在海外讲，就会得到支持，得到很多人的认可。

如果搞错目的和手段，就会混乱不堪。

赚钱的能力也是非常重要的。

只要不放弃就会成功
（尝试 20 次）

为了获得八角形住宅的专利，我与（日本）国土交通省交涉了 20 次。

无论做什么，尝试 21 次就会成功。

假设你有一个喜欢的人。

不要在第一次或第二次就放弃，尝试 20 次，就会得到 "Yes"……这样说，很多人会认同。

如果是真正发自内心想做的事，就要百折不挠地去挑战。

源于女性员工提案的"八角形住宅"

人生中可能会有一两次
赌上性命的挑战

我经历过石油危机和全球金融危机。

在全球金融危机（2008年）时，通过"攻""守""智囊""教育"四种方式克服困难。

攻：开发营业部。

守：学会舍弃（减少无用功）。

智囊：活用GMC。

教育：基础再教育。

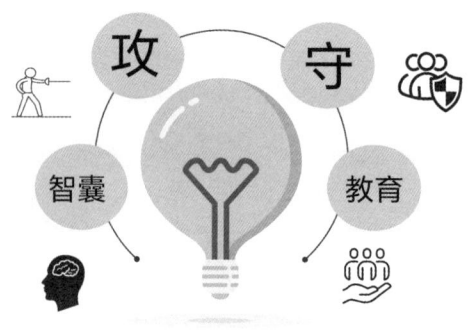

苦难时刻，你就是戏剧的主角

深谷之后必有高山

高山与深谷，此起彼伏，连绵不断。

芬兰没有山，所以没有河流，只有池塘（湖泊）。

比起平凡的人生,高山与深谷交替的人生亦不乏乐趣。

即使在戏剧中，比起平淡的故事，还是惊险的情节更加有趣。

在苦难的时刻，把自己当成戏剧的主角，想到下一阶段会更加有趣，就连苦难也会变得令人愉快。

乐观地思考也是很重要的。

没有先例时，周围的人不会赞同

痛苦（创造的痛苦）取决于你有多么坚定的信念去坚持到底。

人们有反对意见，是因为他们无法在脑海中想象（没有先例的事）。

结果决定一切。相信并坚持到底。

如果坚持到底且成功了，道理就会随之而来。

不仅要去做，还要坚持到底、超越极限。这样，反对者也会变成支持者。

不断创造，持续新的挑战

创造是将多余的东西与不足的东西结合起来。

创造就像在白纸上完成一幅全新的作品一样，是从无到有的过程。

在这个世界上，存在多余的东西和不足的东西，将它们结合起来就是创造。

意识到这一点，是创造的第一步。

人才培养×看护×AI

南富士的人才培养正在挑战新的领域。

随着老龄化社会的到来，养老照护的需求不断增加。

但与此同时，照护人员严重不足。

弥补这一缺口的方法之一是 AI（人工智能）。

中国的 AI 和数字化领先日本 20 年。

在中国，有一家公司开发并运营着养老照护用 AI 产品。我们与他们合作，在日本和中国启动新的"人才培养×看护×AI"业务。

AI 人才、照护人员、照护经理都必须是人，故需要培养大量人才。

人才培养是我们的强项，我们希望与合作伙伴一起，为养老照护行业带来新的气象。

挑战的前方有光明的未来（明天）

如果故步自封，便没有明天。

挑战虽有不安，但更多的是对未来的畅想。

"明天"两个字，可以视作"明亮的一天"。

黑夜过后必是黎明。

经历过各种挑战，现在的我认为，挑战的前方会有光明的未来（明天）。

不惧怕失败，勇敢去挑战。

在过去的延长线上没有明天，未来由自己创造

"明天"两个字，可以理解为"明亮的一天"。

创新（从 0 到 1）是挑战。

停留在过去的延长线上固然安全，但没有进一步发展的希望。

日复一日的变化才使我们走到今天，考虑未来的创造（创新）更加有趣。

希望从无到有的创造能成为我的终身事业。

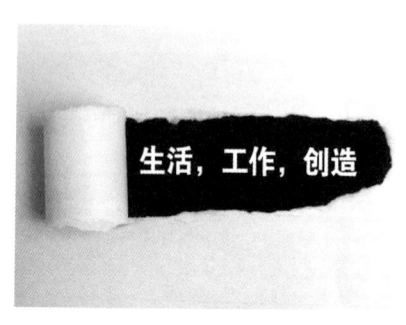

生活，工作，创造

我的挑战既无先例也无老师，只需相信并坚持到底
（中国、GMC、RMS）

没有先例的事情，往往也没有赞同者。

50 年前的中国。GMC（22 岁成为经营者）。

Roof Meister School（将无业人员培养成工匠）。强烈的信念和实践力。

如果能看得稍微远一点，人生就会改变。

这需要训练看到三步（下一步，再下一步，继续下一步）以后的能力。

虽然没有人能真正看清三步以后的事情，但通过阅读等方式培养洞察力，人生将变得有趣。

播下种子开出鲜花的人生是最美好的。

而我在 50 年间免费进行的"人才培养的播种"，已结出累累硕果。

挑战

Challenge

来自张总经理的邮件

在张总经理的邮件中，附有 3 张 A4 纸文件，上面详细记录了 48 年间我在中国进行的各项事业，包括育人、任大学客座教授、发表论文、设立奖学金、著书等，甚至包括一些连我都忘记的事情。下为此邮件的附件：

杉山定久

【基本情况】

国籍：日本。

籍贯：日本静冈县裾野市。

出生日期：1943 年。

性别：男。

1966 年（昭和 41 年）毕业于东洋大学经济系经营专业，同年进入杉山木材加工厂（南富士产业前身）。

1980 年（昭和 55 年），任南富士产业株式会社社长。

【现任职务】

南富士产业株式会社社长

周六学堂（培养人才）主办者

GCU 代表

中国上海南富士建筑设计有限公司董事长

中国万克德商务咨询（上海）有限公司董事长

中国武汉大学高新技术产业顾问

中国武汉大学学生创业大赛主办者兼评委

中国武汉大学客座教授

中国浙江工业大学外语系客座教授

中国华东师范大学希望进修学院客座教授

中国武汉理工大学客座教授

中国华中科技大学客座教授

中国西安交通大学客座教授

日资企业管理者培养班主办者

GMC 创办者

【贡献中国】

1979 年，开始每年向中国赠书。

1982 年，向日本大学（研究生院）推荐中国青年留学生。

1989 年，向上海图书馆寄赠书籍。

1991 年，作为公共建筑，海外第一栋八角形住宅在中国上海市嘉定区建设完成。

1991 年，应中国建设部（现中华人民共和国住房和城乡建设部）邀请作演讲（11 月 1 日—3 日）。

1992 年，于中国上海东海农场，完成幼儿园八角形建筑 7 栋。

1992 年，于日本三岛本部，开始"汉语讲座"。

1994 年，从中国引进，开发原创健康茶"美丽茶"。

1995 年，任武汉大学客座教授（至今）。

1996 年，武汉大学杉山奖学金第一次颁发（10 名），以后每年进行。

2002 年，（同上海大学）举办"中国商务培训"。

2002 年，（同上海中医药大学）举办"中国减肥旅游"活动。

2002 年，开设"中国商务支持中心"。

2003 年，《人才导刊》日语版、中文版隔月发行。

2004 年，任南富士·武汉大学学生创业竞赛名誉顾问。

2004 年，任华东师范大学附属希望进修学院客座教授，颁发杉山奖学金。

2004 年，任浙江工业大学客座教授。

2004 年，发起"武汉学生创业工作室""广州学生创业工作室"。

2004 年，任华中科技大学客座教授，颁发杉山奖学金。

2004 年，任武汉理工大学客座教授，颁发杉山奖学金。

2005 年，创办 GMC。

2005 年，发起"西安学生创业工作室"。

2006 年，发起"北京学生创业工作室"。

2007 年，任清华大学外语系客座教授。

2007 年，任哈尔滨工业大学管理学院客座教授。

【主要著作及论文】

著有建筑和管理方面的书籍 10 余本：

『梦づくり、家づくり』（《创造家庭 创造梦想》）

『住宅革命』（《住宅革命》）

『よく気がつく人は、よくデキる人』（《人才就是善于发现》）

『仕事で游ぶ社員が会社を強くする』（《玩着工作的员工使公司强大》）

『デキる社員』（《能干的员工》）

……

论文：

1990 年：「木材新时代への発想」（《木材新时代的构思》）

1995 年：「人材育成论（チャンスと任せる）」（《人才培育论（机会的给予）》）

1995 年：「中国ビジネス论」（《中国商务论》）

1997 年：「No. 1、Only1」（《第一・唯一》）

2003 年：「MFTB（社会变化对应论）」（《MFTB（社会变化应对论）》）

2004 年：「仕事で游び社員が会社を強くする」（《玩着工作的员工使公司强大》）

其他：

2000 年至今：《头脑活性化杂志 M-net》

【个人爱好】

"人才培养和国际化"

【公开演讲】

每年在各大企业、高校、社会机构等公开场合进行 30～40 次演讲，演讲主题涉及人才培养、新兴事业、经营、中国商务等。

杉山定久　个人简介

杉山定久（Sugiyama Sadahisa）

南富士株式会社　董事长

〈在亚洲培养人才 50 年〉

· 在亚洲的 18 所大学担任教授

中国　名誉教授：清华大学、武汉大学　客座教授：西安培华学院

越南　客座教授：河内外贸大学、河内理工大学等

· **杉山播种奖学金**（无偿还义务）

· **书籍捐赠**（向亚洲大学捐赠日本书籍）

· **著作 18 本**

· **多次接受日本、中国、越南、印尼媒体**（电视、报纸、杂志等）采访报道

〈南富士株式会社　概况〉

· 住宅屋顶、外墙工程领域亚洲第一的行业巨头，拥有 500 名工匠，月施工 1000 项（日本第一）。

· 作为跨国企业，拥有 31 个办事机构（日本 24 个、中国 4 个、越南 2 个、印尼 1 个）。

〈人才培养项目〉

· 通过与当地顶尖大学合作，提供免学费的私塾，以中国为中心培养全球化经营领导型人才，并为其提供发展平台。

· 教育全程免费，至今已培养 500 余名毕业生。

· 在亚洲开拓人力资源。

· GMC　培养经营领导型人才（中国等）

· AI×看护×人才培养　AI 与人结合的新型看护系统的开发（日本、中国、印度尼西亚等）

· **日中人才育成协会**　会长：日本前首相福田康夫　理事长：杉山定久

〈在日本的人才培养〉

· RMS　青年就业支持：将无业青年和宅在家的人培养成屋顶工人

· **招聘应届毕业生**　录用潜力人才

四张面孔

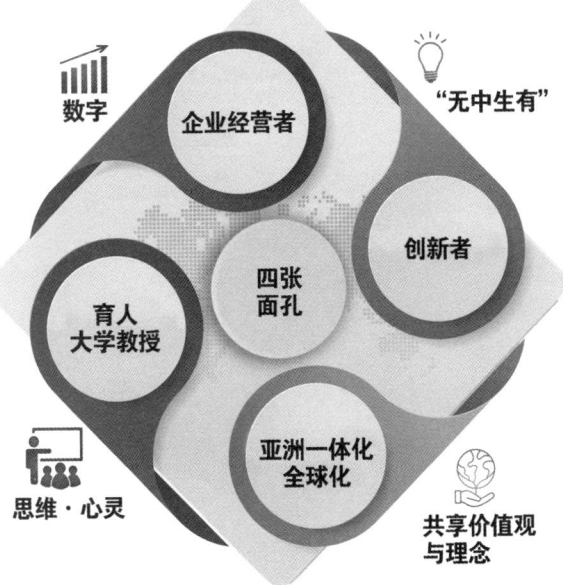

- 数字
- "无中生有"
- 企业经营者
- 创新者
- 育人 大学教授
- 四张面孔
- 亚洲一体化 全球化
- 思维·心灵
- 共享价值观 与理念

杉山定久 展开图

后　记

我坚信"广泛播种""人行之处必有花开之路"。我曾说过"商业与育人是我的毕生事业（兴趣）"，转眼已过去50年。

因为育人需耗费时间与金钱，所以我始终不被周围人理解。但也正因为我坚持至今，"人才"（Human Network）这一无形资产，才得以在中国乃至亚洲开花结果。

说到可以看得见的有形资产（土地、建筑、机器、销售额），人们很容易理解；但"智慧""情感""人脉"等无形资产，却很难向他人阐明。

行动必会孕育成果，只要坚持不懈，终将催生出某种虽不可见但十分巨大的力量。

大学毕业后，我在22岁那年进入父亲的木材公司上班。当时，20名公司员工中有13人辞职了。我问他们辞职的原因，他们说："这家公司没有梦想。"于是我立志"创建一家有梦想的公司"。到今天我已80岁，但仍怀揣梦想。

一个梦想实现了，我便去继续追寻下一个，再下一个……我就是这样一步一步走到今天的。

实现梦想需要"营利能力"，空谈梦想就只是在画饼充饥。

现在，"梦想（育人）"与"营利能力（商业）"已成为我前进的双驱动力。

近年来，"人力资产"这个词常常被提及。我坚信"人"才是一切的根基。

在过去的50年里，我在中国、日本及亚洲其他国家培养人才，没有遗憾，愿在有生之年继续挑战"梦想（育人）"与"营利能力（商业）"。

最后，在本书写作过程中，我们公司的杉山拓社长和综合战略企划室的浅井昌美女士提供了许多帮助，借此机会表示感谢。

杉山定久